# Mariana C.

# Umbrele trecutului

O poveste emoționantă și captivantă,care te va face să se te gândești la propriile lupte interioare.

2024

"Umbrele trecutului ne urmăresc pe toți, dar nu trebuie să ne lăsăm coplesiti de ele. Putem să le folosim ca pe o amintire a ceea ce am învățat și să mergem mai departe cu încredere."

„Umbrele trecutului" este o carte scrisă de Mariana C., care explorează teme precum iubirea, pierderea și curajul de a merge mai departe. Acțiunea cărții se desfășoară într-un mic sat din Franța, unde o tânără protagonistă este nevoită să se confrunte cu umbrele trecutului ei pentru a-și găsi liniștea interioară.

Pe parcursul cărții, cititorii sunt puși față în față cu personaje complexe și pline de profunzime, care trebuie să facă față unor greutăți și conflicte personale. De-a lungul călătoriei lor, ei învață să își accepte trecutul și să își găsească pacea interioară, în ciuda obstacolelor întâlnite pe drum.
Cartea „Umbrele trecutului" oferă o poveste emoționantă și captivantă, care va captiva cititorii și îi va face să se gândească la propriile lor lupte interioare.
Mariana C. reușește să îmbine cu succes elemente de suspans, romantism și explorare a sufletului uman în această carte remarcabilă.
Este o lectură obligatorie pentru cei care apreciază literatura de calitate și poveștile care rămân în suflet mult timp după ce ai terminat de citit ultima pagină.

## Capitolul 1: Un nou început

Prima pagină a cărții ne introduce în lumea personajului principal, o femeie tânără numită Sophie, care tocmai s-a mutat într-un mic orășel din sudul Franței pentru a începe o nouă viață. Ea își găsește un loc de muncă la o librărie locală și se împrietenește cu câțiva locuitori din oraș. În timp ce începe să își construiască o rutină confortabilă, Sophie simte că există ceva îngropat în trecutul ei care continuă să o bântuie.

## Capitolul 2: Întâlnirea misterioasă

Într-o zi, în timp ce ordonează cărți pe rafturile din librărie, Sophie găsește o carte veche și misterioasă cu o dedicație inscripționată în paginile ei. Curioasă, ea începe să afle mai multe despre istoria cărții și a autorului ei, descoperind în cele din urmă o poveste de dragoste îngropată de ani de zile și legături cu trecutul ei pe care nu și le-ar fi putut imagina vreodată.

Capitolul 3: Confruntarea cu trecutul

Pe măsură ce Sophie se apropie tot mai mult de adevărul din spatele cărții și a dedicației sale, începe să se confrunte cu propriile sale demoni și cu secretele pe care le-a închis de ani de zile. În ciuda rezistenței inițiale, ea realizează că singura modalitate de a merge mai departe este să accepte și să învețe din umbrele trecutului ei.

Capitolul 4: Călătoria spre descoperire

Impulsionată de noua conștientizare a trecutului ei, Sophie hotărăște să înceapă o călătorie spre locurile din copilăria sa și spre amintirile ce stau la temelia lor. În timp ce navighează prin peisajul pitoresc al Franței și se înfruntă cu provocări pe care nu și le-ar fi putut imagina, Sophie începe să descopere adevăruri ascunse și răspunsuri la întrebările care o bântuie de mult timp.

## Capitolul 5: Reconcilierea

În timp ce călătoria ei se apropie de final, Sophie se confruntă cu alegerea de a lăsa umbrele trecutului să o definească sau de a le accepta și a se împăca cu ele. Cu ajutorul prietenilor săi și al cărții misterioase care a condus-o pe această călătorie, Sophie înțelege că compromisul cu trecutul ei este cheia pentru a găsi pace și împlinire în prezent. Așa se încheie călătoria ei și cartea "Umbrele trecutului", cu un sentiment de eliberare și de începuturi noi.

O femeie tânără numită Sophie, care tocmai s-a mutat într-un mic orășel din sudul Franței pentru a începe o nouă viață. Ea își găsește un loc de muncă la o librărie locală și se împrietenește cu câțiva locuitori din oraș. În timp ce începe să își construiască o rutină confortabilă, Sophie simte că există ceva îngropat în trecutul ei care continuă să o bântuie.

Sophie se trezi peste dimineață în camera mică a apartamentului ei închiriat în inima micului orășel din sudul Franței. Privi spre fereastra deschisă și simți o adiere ușoară de vânt care îi mângâia obrajii. Se întinse pe pat și își dădu seama că astăzi era prima zi la noul ei loc de muncă la librăria locală.

Cu mult entuziasm, Sophie se ridică din pat, se îmbrăcă într-o rochie simplă și se îndreptă spre bucătăria mică pentru a-și prepara micul dejun. În timp ce savura o ceașcă de cafea, își reaminti cum ajunsese aici. După ce părăsise orașul ei natal dintr-o țară străină pentru a scăpa de un trecut dureros, Sophie își dorise să înceapă o viață nouă și s-a hotărât să se mute în Franța.

Când ajunse la librăria locală, Sophie fu întâmpinată cu căldură de către colegii ei de muncă și de către proprietarul magazinului, un bărbat în vârstă cu o personalitate jovială. În timp ce se acomoda cu noile responsabilități, Sophie începu să se împrietenească cu câțiva locuitori din oraș, care îi ofereau mereu sfaturi utile despre viața în micul oraș și despre locurile frumoase de vizitat în zonă.Pe măsură ce săptămânile treceau, Sophie începuse să simtă că se integra tot mai bine în comunitatea locală și că-și găsise un echilibru confortabil în noul ei stil de viață. Cu toate acestea, într-o zi, în timp ce sorta cărțile la librărie, Sophie găsi un plic vechi ascuns printre cărți. În interior, găsi o scrisoare veche și o fotografie a unei femei tinere, cu o notă care spunea: "Caută-mă".

Intrigată de descoperirea ei, Sophie începu să investigheze mai atent și să caute informații despre femeia din fotografie. Descoperi că era vorba despre mama sa biologică, despre care știa foarte puține lucruri și pe care o pierduse de foarte mult timp. În acest moment, Sophie simți că exista ceva îngropat în trecutul ei care începea să iasă la suprafață și să o bântuie din ce în ce mai mult.

Dorința de a-și găsi mama biologică deveni obsesivă pentru Sophie și începu să urmărească fiecare indiciu și fiecare informație pe care reușea să o obțină. În timp ce descoperea tot felul de secrete și de amintiri ascunse din trecutul său, Sophie începu să își dea seama că aveau o legătură puternică ce o ținea pe drumul pe care îl urmase până în acel moment.Într-o zi, căutând indicii într-un vechi pod al librăriei, Sophie găsi o cutie plină de scrisori și fotografii vechi care îi revelară un nou capitol al poveștii sale. Într-una dintre scrisori, mama sa biologică îi scria cu dragoste și regrete despre cum fusese nevoită să o abandoneze și să se mute în altă țară pentru a scăpa de un trecut dureros și de o relație toxică.

Cu lacrimi în ochi, Sophie începu să înțeleagă de ce mama ei a luat acea decizie și cum acea alegere a influențat parcursul vieții ei. În acel moment, Sophie simți că înlătură un mare greutate de pe umerii săi și că începea să înțeleagă și să accepte trecutul său, indiferent de durerea pe care o adusese.

Cu un suflet ușurat, Sophie se hotărî să îi scrie mamei sale biologice o scrisoare în care îi mulțumea pentru fiecare învățătură și pentru fiecare lecție pe care i le-a oferit, chiar dacă nu erau întotdeauna ușor de înțeles. În același timp, își promise că avea să își ducă viața înainte, fără să fie bântuită de trecutul ei, și că avea să își trăiască fiecare zi cu bucurie și cu încredere în viitor.

Astfel, Sophie începu un nou capitol al vieții sale, cu inimă deschisă și cu mintea limpede, și își păstra în suflet lecțiile învățate din trecutul său, dar fără să fie prizonieră a acestuia. În curând, ajunse să fie recunoscută ca un membru de seamă al comunității locale și să își găsească un echilibru armonios între viața sa trecută și cea prezentă, construindu-și astfel un viitor promițător și plin de speranță.

Sophie se trezi dimineața cu inima plină de bucurie și cu mintea limpede, pregătită să facă față unei noi zile pline de provocări și oportunități. O privea pe mama ei adoptivă dormind liniștită în patul de lângă al său și își dădu seama cât de norocoasă era să aibă o astfel de familie, care o acceptase și o iubise cu toată inima, indiferent de trecutul său complicat.

Își aminti de șaptele pe care l-a scris mamei sale biologice și de promisiunea pe care și-o făcuse să își trăiască viața în deplinătate, fără să fie bântuită de trecutul său dureros. Se întrebă cum ar fi arătat viața ei dacă ar fi rămas prizonieră a amintirilor triste și regretele neîmplinite.

Însă refuză să lase aceste gânduri să îi întunece ziua și se hotărî să își concentreze energia și pasiunea către lucruri pozitive și constructivă.

În timp ce își prepara micul dejun, își făcu planuri pentru ziua care urma să vină și își setă obiectivele pe care dorea să le atingă. Știa că avea mult de muncă înainte și că drumul către împlinirea viselor sale nu va fi ușor, dar avea încredere că va găsi puterea și resursele necesare să reușească.

După ce luă o gură de cafea, se îmbrăcă rapid și ieși pe ușa casei, cu zâmbetul pe buze și cu inima plină de entuziasm. Se opri o clipă pentru a respira aerul proaspăt de dimineață și pentru a-și aduna gândurile. Se simțea liberă și puternică, pregătită să îmbrățișeze ziua cu toată inima și să facă tot ce îi stătea în putință pentru a face lumea un loc mai bun.

Își aminti de promisiunea făcută mamei sale biologice și de scrisoarea pe care i-o trimisese în care îi mulțumea pentru fiecare lecție și învățătură pe care i le oferise, chiar dacă nu erau întotdeauna ușor de înțeles. Își dădu seama că fiecare experiență tristă și fiecare greutate pe care le-a întâmpinat în viață au contribuit la formarea ei ca persoană și la construirea caracterului său puternic și hotărât.

Și-a adus aminte de momentele frumoase pe care le petrecuse alături de mama sa adoptivă și de cât de mult o iubea și o respecta pentru tot sprijinul și înțelegerea pe care i le-a acordat întotdeauna. Își promisi că va rămâne mereu recunoscătoare pentru toate binefacerile pe care le-a primit în viața sa și că va încerca să își trăiască fiecare zi cu bucurie și pasiune.

Sophie se îndreptă hotărâtă către biroul său, cu pași hotărâți și cu inima plină de speranță. Știa că avea multă muncă de făcut și că trebuia să își concentreze toată energia și atenția către obiectivele sale. Se așeză la birou și începu să lucreze la proiectul său cu determinare și îndârjire, ignorând grijile și temerile care îi bântuiau mintea.Sophie își petrecea zilele lucrând la librărie, recomandând cărți clienților și ajutând la organizarea evenimentelor culturale. Atmosfera caldă și liniștită a librăriei o făcea să se simtă în largul ei, iar relațiile pe care le-a format cu unii dintre locuitorii orașului îi aduceau un sentiment de comunitate de care avea nevoie.

Însă, noaptea, când era singură în apartamentul ei mic și confortabil, Sophie se simțea adesea copleșită de singurătate și de un sentiment de neliniște inexplicabil. Încerca să-și găsească alinare în cărți și muzică, dar ceea ce o apăsa părea să nu aibă legătură cu prezentul ei liniștit.Când s-a întors acasă, Sophie a început să caute mai multe informații despre familia ei și despre copilăria ei. A descoperit secrete ascunse, întâmplări neelucidate și amintiri pe care le-a îngropat adânc în mintea ei. A realizat că unele evenimente din trecutul ei nu erau așa cum și le amintea și că a fugit de ele fără să le confrunte.

Această descoperire a declanșat un val de emoții și întrebări în mintea ei. Se simțea confuză, pierdută și, în același timp, curioasă să afle mai multe despre trecutul ei. A decis să-și confrunte demonii interiori și să înceapă un nou capitol în viața ei, unul în care să își reafirme identitatea și să-și accepte trecutul în întregime.

Cu sprijinul noilor ei prieteni din oraș, Sophie a început să exploreze amintirile ei și să le accepte așa cum erau. A învățat să ierte și să se împace cu trecutul ei, conștientizând că acesta nu o definitea, ci o ajuta să devină mai puternică și mai pricepută.

Astfel, Sophie a început un nou început, unul în care se accepta pe sine așa cum era și se bucura de tot ce viața îi oferea în prezent. Trecutul îi amintea că a fost puternică în ciuda greutăților, iar viitorul îi promitea multe și diferite oportunități de creștere și împlinire.Sophie a învățat că nu putea fugi de trecutul ei, dar că putea învăța din el și să se folosească de experiențele trăite pentru a deveni o versiune mai bună a ei însăși. Și astfel, încetul cu încetul, a început să se simtă mai liberă și mai fericită, pregătită să îmbrățișeze cu încredere ceea ce avea să-i rezerve viitorul.

## *Capitolul 2: Întâlnirea misterioasă*

Într-o dimineață, Sophie se trezi cu o energie deosebită. Era o zi frumoasă de primăvară și ea se pregătea să își înceapă ziua de lucru la librărie. Deși munca sa consta în ordonarea cărților și ajutorarea clienților în găsirea cărților dorite, pentru Sophie, fiecare zi în librărie era o aventură plină de posibilități

În timp ce se plimba printre rafturi, Sophie a observat o carte veche și misterioasă, care părea să fie ascunsă în spatele altor cărți. Ea a luat cartea și a observat că avea o copertă frumos decorată și pagini galbene, îngălbenite de trecerea timpului. Pe una din primele pagini, Sophie a găsit o dedicație inscripționată cu o scrisoare elegantă și ușor ștearsă de vreme.

Dedicatia spunea:

"Pentru dragostea vieții mele, cu speranța că această carte îți va oferi aceeași bucurie pe care mi-ai oferit-o tu mie. Cu dragoste eternă, Alexandru."

Sophie a rămas uimită de descoperirea sa și a început să se întrebe cine ar putea fi Alexandru și cine ar fi destinatarul acelei dedicații. Ea s-a hotărât să afle mai multe despre cartea misterioasă și despre povestea din spatele ei.

În următoarele săptămâni, Sophie a început să caute informații despre autorul cărții și despre povestea din spatele ei. Ea a descoperit că cartea făcea parte dintr-o serie de romane scrise de un autor puțin cunoscut, care a trăit în secolul trecut și a avut o carieră literară modestă. În ciuda faptului că nu a fost un autor celebru, scrierile sale erau apreciate de câțiva pasionați de literatură.

Sophie a petrecut ore întregi citind cartea și documentându-se despre viața autorului.Pe măsură ce descoperea detalii despre viața acestuia, ea a început să se identifice tot mai mult cu personajele și poveștile din cartea veche și misterioasă. Într-o zi, în timp ce citi o scrisoare a autorului către un prieten de-al său, Sophie a realizat că existau multe asemănări între viața autorului și a sa.În scrisoarea respectivă, autorul povestea despre o dragoste neîmplinită din tinerețe, care l-a marcat profund și a influențat multe din operele sale. Sophie a fost profund mișcată de această confesiune și a simțit că descoperise o latură necunoscută a ei însăși. Ea a început să se întrebe dacă și ea avea o poveste de dragoste neîmplinită, care îi influența viața și scrierile, așa cum se întâmplase cu autorul cărții misterioase.

Sophie a continuat să caute informații despre viața autorului și a descoperit că acesta a avut o relație cu o femeie frumoasă, dar complicată, care s-a terminat brusc și tragic, cu ani în urmă. Ea a simțit o legătură puternică cu această poveste și a început să își pună întrebări despre trecutul ei și despre posibile legături cu vechile dragoste neîmplinite.

Pe măsură ce descoperea mai multe despre povestea din spatele cărții și a autorului,Sophie a început să se gândească la propria viață și la deciziile pe care le-a luat până în acel moment. Ea a realizat că avea multe în comun cu personajele din cartea veche și misterioasă și că viața ei era mai complexă decât și-ar fi imaginat vreodată.Sophie a început să se întrebe dacă destinul i-a adus acea carte și acea poveste pentru a-i arăta că trecutul și prezentul sunt mai interconectate decât crezuse vreodată. Ea a simțit că trebuie să exploreze mai mult acea legătură și să afle mai multe despre istoria ei și despre posibile rădăcini cu trecutul său.

Într-o seară, Sophie a decis să meargă la biblioteca locală să caute mai multe informații despre autorul și despre cartea misterioasă.

După câteva ore de căutări și lectură, ea a descoperit că autorul cartii și destinatarul dedicației erau de fapt doi iubiti din trecut, a căror poveste de dragoste s-a încheiat tragic, cu mulți ani în urmă.Sophie a fost copleșită de această descoperire și a simțit că într-adevăr, destinul a adus cartea misterioasă în calea ei pentru a-i dezvălui secretele ei și pentru a-i arăta că dragostea și destinul sunt mai complexe decât credea ea.

Cu inima tulburată, Sophie s-a întors acasă și a decis să se deschidă mai mult spre posibilele legături cu trecutul său și cu iubirea neîmplinită pe care o purta în suflet. Ea a început să scrie un jurnal în care își exprima gândurile și emoțiile sale legate de povestea cărții misterioase și de propria viață.

Pe măsură ce înainta în scrierea jurnalului, Sophie a început să simtă o eliberare interioară și o înțelegere mai profundă a sinelui său. Ea a realizat că, chiar dacă trecutul și dragostea neîmplinită nu pot fi schimbate, ele pot fi acceptate și integrate în povestea sa de viață.Sophie a continuat să lucreze în librărie și să își trăiască viața zi de zi, dar acum, ea avea o nouă perspectivă asupra relațiilor și a destinului său.

Ea știa că viața nu era mereu simplă și că iubirea nu avea întotdeauna un sfârșit fericit, dar ea era pregătită să îmbrățișeze această complexitate și să își trăiască propria poveste, cu toate frumusețile și provocările ei.

Într-o zi, în timp ce lucra în librărie, Sophie a întâlnit un bărbat tânăr și fermecător, care căuta o carte rară. În timp ce îl ajuta să găsească ceea ce căuta, Sophie a simțit o conexiune specială între ei doi, iar inima i s-a umplut de bucurie și speranță pentru viitor.

În acel moment, Sophie a realizat că trecutul ei și povestea cărții misterioase au avut unscop și un sens în viața sa. Ele au fost doar un început pentru o nouă poveste de dragoste și de descoperire a sinelui, care îi va umple viața cu emoții puternice și cu învățăminte prețioase.

Sophie a zâmbit tânărului bărbat și a continuat să îi ofere ajutorul ei în găsirea cărții dorite. În acel moment, ea știa că destinul o ghida către un nou capitol din viața ei și că dragostea și împlinirea personală sunt posibile, chiar și după ce inimile au fost rănite și trecutul pare să fie îngropat sub un val de amintiri și secrete.

Sophie, fascinată de descoperirea acestei cărți misterioase, decide să investigheze mai departe. Cu ajutorul unui prieten pasionat de cărți vechi, ea începe să caute informații despre autorul cărții și despre persoana căreia i-a fost dedicată.

Pe măsură ce adună tot mai multe detalii, Sophie descoperă că povestea din carte nu este doar o simplă ficțiune, ci reflectă într-un fel sau altul viața și experiențele autorului. Ea este fascinată de modul în care această poveste de dragoste din trecut se leagă de propria ei viață și de o serie de evenimente neașteptate care încep să aibă loc în jurul ei.

Pe măsură ce Sophie dezvăluie mai multe detalii despre trecutul acelei persoane misterioase, ea descoperă un fir roșu care o leagă de propria sa familie și de propriul său destin. În curând, ea realizează că nu a găsit întâmplător acea carte veche, ci că a fost destinată să descopere această poveste și să își înțeleagă mai bine propria viață.Pe măsură ce investigațiile sale o conduc către locuri îndepărtate și persoane cu trecuturi ascunse, Sophie începe să se confrunte cu propriile ei temeri și înțelegeri greșite despre viață și iubire.

Ea începe să vadă că există mai multe nuanțe în povestea de dragoste pe care o descoperise în carte și că adevărul este mult mai complex și complicat decât părea la început.

În cele din urmă, Sophie ajunge să își accepte trecutul și să își îmbrățișeze destinul, înțelegând că fiecare persoană și fiecare poveste are propria sa aură de mister și magie. Ea realizează că întâlnirea cu acea carte misterioasă nu a fost doar o coincidență, ci o lecție de viață importantă care îi va schimba pentru totdeauna perspectiva asupra lumii.

Sophie încheie această călătorie cu o nouă înțelegere a puterii cărților și a poveștilor lor, recunoscând că acestea nu sunt doar simple obiecte de hârtie, ci adevărate comori pline de înțelepciune și învățăminte. Ea hotărăște să împărtășească această lecție cu cei din jurul ei și să transmită mai departe magia și misterul cărților vechi și a poveștilor lor. Pentru că, în cele din urmă, fiecare carte ascunde o poveste care așteaptă să fie descoperită și înțeleasă.

și să își înțeleagă mai bine propria viață.

# *Capitolul 3: Confruntarea cu trecutul*

Sophie stătea în fața raftului plin cu cărți vechi și străvechi, iar inima îi bătea cu putere în piept. În cele din urmă, alege o carte veche, cu coperta îngălbenită și cu paginile pătate de vreme. O deschide și citește din nou dedicația care i-a provocat atâtea întrebări și neliniști de-a lungul anilor.

"În amintirea celei pe care am iubit cel mai mult."

De ceva timp, Sophie se lupta să înțeleagă acea dedicație și ce însemna pentru ea. I-a dat tot felul de semnificații, însă nu putea să-și dea seama de adevărul din spatele cuvintelor. Dar acum, în fața cărții și cu inima deschisă, știa că trebuia să afle adevărul, oricât de dureros ar fi fost.

Plimbându-și privirea peste paginile îngălbenite, Sophie a găsit o fotografie veche, așezată între paginile carte. Se uita la imaginea imprimată pe hârtie, un bărbat cu ochii pătrunzători și un zâmbet misterios. Știa că era bunicul ei, bărbatul pe care nu l-a cunoscut niciodată, cel despre care părinții ei nu-i vorbeau niciodată.Adesea, își întrebase mama despre bunicul ei, dar mereu primea răspunsuri evazive și evitări.

Acum, cu această fotografie în fața ei și cu dedicația din carte, Sophie știa că avea să afle adevărul despre familia ei, chiar dacă ar fi fost dureros.

Decizia de a descoperi adevărul era luată. Sophie a hotărât să investigheze trecutul familiei sale și să învețe tot ce era de știut despre bunicul ei. A început să caute în arhive, în documente vechi și a întrebat rudele ei despre trecutul familiei.

Pe măsură ce investigațiile avansau, a început să descopere lucruri despre bunicul ei pe care nu le-ar fi putut bănui vreodată. S-a întâlnit cu oameni care îl cunoșteau, care îi împărtășeau povești și amintiri despre el. A aflat că bunicul ei fusese un om puternic, un lider în comunitatea sa și că avea un spirit liber și aventuros.

Însă, pe măsură ce își dezvăluia trecutul, Sophie descoperea și umbrele din viața bunicului ei. A aflat despre greutățile pe care le-a întâmpinat, despre alegerile greșite pe care le-a făcut și despre durerea pe care a provocat-o celor din jurul său. Realiza că bunicul ei nu fusese doar un erou, ci și un om cu defecte și cu frângeri interioare.

Aceste descoperiri au afectat-o profund pe Sophie.

Se simțea învăluită de tristețe și de regrete, deoarece își dădea seama că adevărul despre familia ei nu era întotdeauna ușor de acceptat. Dar în același timp, a înțeles că acceptarea trecutului și învățarea din el era singura modalitate de a merge înainte.

Într-o zi, după săptămâni de investigații și de introspecție, Sophie s-a decis să meargă la mormântul bunicului ei. În ciuda faptului că nu-l cunoscuse niciodată, știa că acel loc îi va oferi un răspuns și o alinare.

Stând în fața mormântului acoperit de iarbă verde și flori parfumate, Sophie a închis ochii și a început să vorbească cu bunicul ei în gând. I-a vorbit despre călătoria ei, despre descoperirile pe care le făcuse și despre durerea și confuzia pe care o simțea în inima ei.

Și în acel moment, a simțit o adiere ușoară de vânt și un sentiment de liniște i-a cuprins sufletul. În acel moment, Sophie și-a dat seama că a acceptat trecutul și că era pregătită să meargă mai departe, cu greșelile și cu succesele familiei ei în inima ei.

De atunci, Sophie a început să trăiască cu mai multă înțelepciune și compasiune. Își purta trecutul cu ea, dar nu mai era prizoniera lui.

În schimb, îl accepta ca pe o parte integrantă a ei și învăța să se ridice deasupra umbrelor trecutului său.

Sophie a învățat că adevărul este uneori dureros, dar că doar prin acceptarea și învățarea din el, putem să ne vindecăm rănile și să evoluăm ca ființe umane. Și de fiecare dată când deschidea cartea cu dedicația misterioasă, știa că avea aliat în trecutul ei, un bunic care, deși nu mai era în viață, îi veghea pașii și îi oferea puterea de a merge mai departe.Sophie simțea cum valurile amintirilor încep să o coplesească în timp ce se apropia tot mai mult de adevărul ascuns în spatele cărții vechi pe care o strângea strâns în mână. Amintirile copilăriei ei tumultoase, cu părinții absenți și secretele pe care le-au ascuns atâta timp, începuseră să i se strecoare în minte, provocând o furtună emoțională în adâncurile ei.

Deși inițial a încercat să fugă de aceste amintiri dureroase, Sophie a înțeles treptat că singura cale de a merge înainte era să se confrunte cu ele. Așa că și-a găsit curajul de a-și deschide inima și mintea către întâlnirea cu trecutul ei.

A început să caute răspunsuri în vechile documente și fotografii găsite în biblioteca închisă a conacului bunicului ei.

Pe măsură ce revizita scenele din trecut, Sophie a început să vadă lucrurile cu ochi noi. A înțeles că părinții ei au avut și ei propriile lor lupte și cicatrice, care i-au determinat să se retragă emoțional. A realizat că secretul pe care l-au păstrat timp de ani de zile nu a fost doar pentru a o proteja pe ea, ci și pentru a-și proteja propria suferință.În timp ce privea fotografiile vechi ale familiei sale, Sophie a observat că zâmbetele erau însoțite de umbre adânci în ochii părinților ei. A început să vadă fiecare persoană din fotografiile vechi ca pe un puzzle, cu părți lipsă și mistere nedezlegate. Și-a dat seama că pentru a-și înțelege pe deplin trecutul, trebuia să împlinească acest puzzle și să rezolve misterele încă nedezlegate.

Pe măsură ce căuta răspunsuri, Sophie a realizat că nu era singură în această căutare. A fost ajutată de prietenii ei apropiați și de noua ei cunoștință, Alex, care părea să aibă o conexiune profundă cu trecutul ei. Cu ajutorul lor, Sophie a fost încurajată să își exprime temerile și regretele, să-și recunoască greșelile și să accepte partea întunecată a trecutului ei.

Într-una din serile petrecute în bibliotecă, Sophie a descoperit un jurnal vechi care îi aparținea mamei ei. În paginile acoperite de praf, a găsit înregistrările intime ale gândurilor și sentimentelor mamei sale, care au deschis o fereastră spre inima ei chinuită. A citit cu lacrimi în ochi cum mama ei a luptat cu propria sa suferință și cum a încercat să își găsească echilibrul în mijlocul haosului.

În acel moment, Sophie a simțit că rămășițele trecutului se contopeau cu prezentul ei, formând un tablou mai clar al adevărului. A înțeles că adevărul nu era întotdeauna ușor de digerat, dar că era esențial pentru propria ei vindecare emoțională. A acceptat că poveștile trecutului nu pot fi șterse, dar că pot fi învățate din ele și că pot deveni sursa de putere și înțelepciune pentru viitor.

În timp ce soarele răsarea timid peste dealuri, Sophie a simțit o eliberare lăuntrică pe care nu o mai simțise de mult timp. Privind în urmă spre conacul bunicului ei, a știut că, indiferent de ce va aduce viitorul, avea curajul și încrederea să îl înfrunte, știind că trecutul ei nu mai era o povară, ci o sursă de învățare și creștere.

Cu un zâmbet cald pe buze, Sophie a părăsit biblioteca cu pași hotărâți, pregătită să îmbrace cu încredere viitorul incert care se deschidea înaintea ei. Și, chiar dacă umbrele trecutului o vor urmări mereu, ea simțea că acum avea forța și înțelepciunea necesare să le înfrunte cu inimă deschisă și minte limpede. Pentru că în confruntarea cu trecutul ei, Sophie găsise nu doar răspunsuri, ci și pace și înțelegere.

# Capitolul 4

În timp ce se plimba prin străduțele înguste ale micilor sate franceze, Sophie simțea cum inima ei bate tot mai tare. Fiecare colț de stradă, fiecare clădire veche, fiecare copac înflorit părea să îi aducă aminte de copilăria ei. Își amintea cum alerga pe câmpurile verzi, cum asculta cântecele bunicului său sub clar de lună, cum savura gustul dulce al prăjiturilor făcute de mamă. Toate aceste amintiri îi încălzeau inima, dar în același timp îi deschideau răni vechi, pe care crezuse că le-a acoperit cu straturi groase de uitare.

În mijlocul frumuseții naturii și a arhitecturii franceze, Sophie începea să se întrebe de ce anume fugea atât de mult de trecutul ei. De ce îi era atât de greu să se confrunte cu propriile amintiri și să accepte adevărurile ascunse în ele? Cu fiecare pas în această călătorie interioară, se confrunta cu demonii ei interiori, cu fricile și neînțelegerea de sine care o bântuiau de atâta vreme.
Sophie descoperea că această confruntare cu trecutul ei era necesară pentru a-și găsi adevărata

identitate, pentru a-și vindeca rănile și pentru a-și găsi liniștea interioară. În fața tuturor provocărilor pe care le întâlnea, ea simțea cum creștea în putere și înțelepciune, cum învăța să accepte trecutul și să se elibereze de povara pe care o purta în suflet.

Când, în cele din urmă, Sophie se întorcea acasă, simțea că a parcurs o călătorie lungă și anevoioasă, dar extrem de benefică. Descoperise adevăruri profunde despre sine, despre familie, despre viață. Își reamintise că amintirile dureroase fac parte din trecutul ei, dar nu defineau ceea ce era acum. Și cel mai important, își dăduse seama că doar confruntându-se cu trecutul ei și acceptându-l cu toate nuanțele și contradicțiile sale, putea găsi pacea interioară de care avea atât de multă nevoie.

După ce își pregătește bagajele cu grijă și își ia rămas bun de la cei dragi, Sophie pornește la drum. Prima oprire este în micul sat de munte unde și-a petrecut verile în copilărie. Aici, începe să își amintească de momente fericite alături de bunicii ei, de explorările prin pădure și de serile petrecute la lumina focului de tabără.

Pe măsură ce Sophie se plimbă pe străzile pustii, recunoaște casele și clădirile vechi, care păstrează încă amintiri din trecut. Cu inima plină de emoție, ea urcă pe dealul de lângă sat, unde se odihnea deseori în timpul zilelor toride de vară. De acolo, priveliștea asupra văii este uluitoare și o face să își dea seama cât de mult s-a schimbat în ultimii ani. Sophie își începe călătoria într-un mic sat din regiunea Loire Valley, acolo unde casa bunicilor săi încă păstrează amintiri din copilăria sa. Cu inima în gât, își deschide ușa și intră în sufragerie, unde mirosul de prăjituri făcute în cuptorul vechi îi amintește de zilele petrecute alături de bunica sa dragă. În acel moment, își dă seama că trebuie să descopere mai mult decât simplul trecut din copilărie. Sophie hotărăște să pornească într-o aventură plină de mister pentru a descoperi secretele ascunse ale familiei sale. Cu un jurnal vechi găsit în pod și o hartă a Franței, își ia rucsacul și pornește spre primul indiciu care o va duce spre adevăr.

În timp ce traversează câmpiile însorite și pădurile dese, Sophie se întâlnește cu oameni noi și experimentează culturi diferite. Într-o noapte, găsește o copie veche a unei fotografii de familie și își dă seama că rădăcinile ei se întind mult mai departe decât credea. Cu fiecare întâlnire și fiecare descoperire, Sophie realizează că călătoria ei nu este doar despre amintiri din trecut, ci și despre acceptarea și înțelegerea sinelui ei.

În cele din urmă, când ajunge la destinația finală dintr-un castel învăluit de ceață în Bretania, Sophie descoperă un secret care îi schimbă complet perspectiva asupra vieții ei. Acolo, într-o camera veche plină de cărți și lumânări, găsește un trunchi vechi din lemn care ascunde o poveste despre originea sa și despre puterea familiei sale.

Adevărul pe care îl descoperă Sophie este atât de șocant încât îi schimbă complet viața. În acel moment, înțelege cu adevărat că călătoria spre descoperire nu a fost niciodată despre a găsi răspunsuri simple, ci despre a accepta complexitatea și frumusețea ceea ce o face cu adevărat umană. Sophie închide ochii, respiră adânc și se pregătește pentru un nou început, cu trecutul ei în spate și viitorul în față.

Sophie a stat acolo, în camera veche, cu inima bătându-i puternic în piept, cu trunchiul vechi din lemn în mână. Gândurile îi zburau în toate direcțiile, încercând să facă față tuturor sentimentelor contradictorii care o cuprindeau. Adevărul pe care îl descoperise era atât de uimitor și de tulburător în același timp. O parte din ea era fericită pentru că își găsise răspunsurile, iar alta era devastată pentru că viața ei părea acum complet schimbată.

Sophie știa că trebuia să acționeze, să ia decizii care îi vor influența viitorul. Trebuia să se confrunte cu trecutul familiei sale și cu secretele pe care le ascundea. Cu sufletul încărcat de emoții, deschise ușa camerei vechi și ieși în curtea castelului învăluită de ceață. Încontinuă continuă să pășească pe aleile pietruite, simțea cum aerul rece și umed îi atingea obrajii. Era totul atât de ireal, totul părea să fie extras dintr-un vis.În timp ce se plimba prin grădinile castelului, Sophie își dădea seama că această descoperire îi schimba complet perspectiva asupra vieții ei. Își dădea seama că nu mai putea trăi în minciuni și în iluzii, că trebuia să accepte adevărul și să se accepte pe ea însăși cu toate imperfecțiunile și secretele ei.

Trebuia să-și asume puterea și să-și accepte destinul, indiferent cât de complicat ar fi acesta.

Cu fiecare pas pe care-l făcea prin grădinile castelului, Sophie simțea cum puterea familiei sale se revărsa în ea, cum se simțea din ce în ce mai liberă și mai puternică. Își dădea seama că avea în ea tot ce-i trebuia pentru a merge mai departe, că avea în ea forța de a-și accepta trecutul și de a-și construi viitorul. În acel moment, se simțea ca un vârtej de energie, de determinare și de încredere.

Și astfel, Sophie hotărî să-și facă un nou început. Avea să-și pună trecutul în spate și să privească cu încredere și curaj spre viitor. Avea să-și asume puterea familiei sale și să-și trăiască viața așa cum îi dorea ea, fără frici și fără regrete. Își promisese că nu va mai fugi de adevăruri și de secrete, ci că va avea curajul să le accepte și să le transforme în forța ei.

Sophie își închise ochii pentru un moment, respiră adânc aerul rece și umed al dimineții și simți cum în ea se înfiripă o nouă determinare. Nu mai era aceeași fetiță confuză și nehotărâtă, ci o femeie puternică, hotărâtă să-și trăiască viața cu adevărat.

Și, cu pas hotărât, își luă trunchiul vechi din lemn în mână și porni spre noua ei viață, cu inima plină de speranță și de încredere că va reuși să înfrunte orice obstacol în calea ei. Pentru că știa că, de data aceasta, avea tot ce-i trebuia pentru a-și crea propria fericire și adevărata ei poveste.

Sophie se trezește în zorii dimineții, cu inima ei bătând puternic și cu gândurile care îi zburdă în minte. Își adună cu greu curajul și hotărârea pentru a deschide trunchiul vechi, care conține secretele și mărturiile trecutului familiei sale. Cu fiecare pagină de hârtie veche pe care o citeste, își dă seama că istoria familiei sale este mult mai complexă și fascinantă decât și-ar fi putut închipui vreodată.

În acel trunchi descoperă fotografii vechi, scrisori și documente ce spun povestea strămoșilor ei, oameni de rând și nobili, aventurieri și curtezani, eroi și trădători. Descoperă o lume plină de pasiuni, secrete și trădări, de iubiri interzise și alianțe neașteptate, de lupte pentru putere și supraviețuire.

Și, mai presus de toate, descoperă adevărul despre propria ei identitate, despre cine este ea cu adevărat și despre moștenirea ancestrală pe care o poartă cu mândrie. Realizează că fiecare pas pe care l-a făcut în călătoria ei a fost parte dintr-un plan mai mare, dintr-un destin care îi este scris și pe care trebuie să-l accepte cu toate consecințele sale.

Sophie își ridică privirea către ferestrele îmbătrânite ale camerei vechi și vede soarele răsărind pe cerul senin al dimineții. O adiere ușoară de vânt îi mângâie obrajii și îi conferă o senzație de pace interioară. Își îmbracă haina groasă de lână, își aprinde o lumânare și iese în curtea castelului, cu inima încărcată de emoție și de recunoștință pentru tot ce a descoperit și pentru tot ce o așteaptă în viitor. Sophie își ia rucsacul și pornește pe drumul care o duce către noi aventuri și noi provocări. Cu pași hotărâți și cu inima plină de speranță, ea porneste către un viitor plin de mister și de magie, unde trecutul său și prezentul se unesc într-un dans ancestral, iar destinul ei se dezvăluie în toată splendoarea sa. Sophie știe că această călătorie este doar începutul unei noi epoci în viața sa și că nimic nu va mai fi la fel ca înainte.Sophie își plimba privirea îndelungată pe cărările înguste care se întindeau pe măsură ce se îndepărta de castel.

În jurul ei, natura părea să își deschidă brațele într-un gest de bun venit, iar cântecul păsărilor și mirosul proaspăt al ierbii îi umpleau inima de bucurie. Respira adânc aerul curat, simțindu-și plămânii să se umple cu energie și vitalitate.

Și-a continuat drumul cu hotărâre, cu gândurile învăluite într-un văl de contemplare și anticipare pentru ce avea să urmeze. Își dorea să descopere noi locuri, să cunoască oameni noi, să trăiască experiențe unice care să îi aducă cunoaștere și înțelegere.

Pe măsură ce se îndepărta de castel, peisajul se schimba treptat. Munții îmbrăcați în verdeață s-au conturat în zare, iar râul ce curgea liniștit sub podul de piatră îi murmurau povești nespuse. Sophie simțea cum energia locului îi penetra fiecare fir de păr, fiecare celulă din corpul său, conectându-se la esența vieții care pulsa în jurul ei.Cu fiecare pas făcut pe cărările pietruite, Sophie simțea cum călătoria sa interioară se desfășura în paralel cu cea fizică. Descoperea noi aspecte ale propriei ființe, își descoperise forțele și slăbiciunile, și totodată își dădea seama că această călătorie era un proces de transformare continuă.

Seara surprinsese peisajul îmbrățișat de razele soarelui apus, colorând cerul în nuanțe de aur și roz. În lumina caldă a zilei care se stinge, Sophie simțea cum înțelepciunea străveche a naturii îi vorbea în șoaptă, îi deschidea ochii spre frumusețea și misterul lumii din jur. Și-a găsit un loc liniștit să-și petreacă noaptea, sub cerul senin presărat cu stele strălucitoare, simțindu-se protejată și în armonie cu universul.

Dimineața următoare, Sophie și-a continuat călătoria cu inima plină de entuziasm și curiozitate. Știa că lumea care o așteaptă îi oferă oportunități nenumărate de creștere și evoluție, că fiecare întâlnire, fiecare experiență va aduce cu sine o nouă lecție de viață.

Pe măsură ce trecea prin sate îndepărtate și peisaje sălbatice, Sophie a întâlnit oameni din diferite colțuri ale lumii. Fiecare dintre ei îi dezvăluia un nou aspect al umanității, o nouă perspectivă asupra vieții, iar aceste întâlniri îi aduceau împlinire și sens în călătoria sa.Și-a petrecut zilele învățând de la bătrânii cu înțelepciunea lor milenară, călătorind alături de tineri aventurieri dornici să exploreze necunoscutul și misterul care învăluia fiecare colț al lumii.

În fiecare zi, Sophie se trezea cu o inimă deschisă și cu dorința de a se conecta la tot ce o înconjoară. Își descoperea propria putere interioară, își recunoștea frica și îndoielile, dar își întărea hotărârea de a merge înainte, de a se reinventa și de a-și trăi viața în deplinătate.

Au trecut luni și ani de când Sophie părăsise castelul, dar în sufletul ei se păstra amintirea zilelor petrecute acolo, lecțiile învățate și emoțiile trăite. Călătoria sa continuă într-un marș nesfârșit către cunoașterea de sine și descoperirea adevărului universal care guvernează existența.

Sophie știa că în adâncul inimii sale se află cheia către o viață autentică și plină de semnificații. Cu pași mărunți și hotărâți, ea își urmează drumul, încrezătoare în puterea ei interioară de a înfrunta orice provocare și de a crește prin fiecare experiență trăită.Și pe măsură ce trecea prin toate încercările și obstacolele vieții, Sophie se ridica mereu mai puternică și mai înțeleaptă, călăuzită de lumina interioară și de încrederea în propriul suflet. Pentru ea, călătoria nu era doar un mod de a explora lumea din exterior, ci și de a descoperi lumea din interior, de a se conecta la esența sa profundă și de a-și trăi viața în deplină armonie.

Așa că, cu inima plină de recunoștință și bucurie, Sophie își continuă călătoria cu pasiune și curaj, știind că fiecare moment trăit este o oportunitate de creștere și transformare, că fiecare întâlnire cu sine și cu ceilalți este un dar neprețuit pe care universul i-l oferă.

Și astfel, Sophie își parcurse drumul, trăind fiecare clipă cu intensitate și adâncime, îmbrățișând realitatea din jur cu iubire și acceptare, știind că fiecare pas făcut în călătoria sa este o călătorie către sine, către adevăr și către adevărata înțelegere a existenței. Și în lumina eternă a soarelui în amurg, Sophie și-a continuat drumul către destinul său, către cunoașterea de sine și către conștientizarea divină care transcende timpul și spațiul, călăuzită de încrederea și certitudinea că în fiecare ființă se ascunde o scânteie infinită de lumină și iubire. Și în această lumină eternă, călătoria lui Sophie continua, într-o căutare fără sfârșit a adevărului său și a sensului existenței sale.

## *Capitolul 5*

Sophie privea pe fereastra trenului care se apropia încet de stația finală. În timp ce călătoria ei se apropia de final, gândurile îi erau adânc îngropate în întâmplările din ultimele săptămâni. Își amintea de momentele pline de aventură, de descoperirile făcute și de lecțiile învățate. Dar mai presus de toate, își amintea de conflictele interioare și de umbrele trecutului care o urmăriseră îndeaproape pe tot parcursul călătoriei.

Sophie simțea cum inima îi bate puternic în piept în timp ce se apropia de finalul călătoriei sale. Privind peisajul din fereastra trenului, își amintea de toate aventurile prin care trecuse și de lecțiile pe care le învățase de-a lungul drumului.

Ajunsă în orașul în care își petrecuse copilăria, Sophie se simțea copleșită de emoții. În acel loc, parcă totul părea la fel ca în amintirile ei, dar totuși diferit. Se întreba cum va fi să se întâlnească din nou cu cei pe care îi cunoscuse în trecut și cu toți cei care o făcuseră să simtă durerea și suferința.

În timp ce se apropia de casa bunicului ei, Sophie simțea un fior de teamă și nervozitate.

Bunicul era persoana care o învățase să își accepte umbrele trecutului și să încerce să împăcate cu ele. Știa că avea să îi ofere sprijin și înțelegere în acele momente dificile.Sophie privea pe fereastra trenului care se apropia încet de stația finală. În timp ce călătoria ei se apropia de final, gândurile îi erau adânc îngropate în întâmplările din ultimele săptămâni. Își amintea de momentele pline de aventură, de descoperirile făcute și de lecțiile învățate. Dar mai presus de toate, își amintea de conflictele interioare și de umbrele trecutului care o urmăriseră îndeaproape pe tot parcursul călătoriei.

Cu sufletul zbuciumat, Sophie intră în casa bunicului și fu întâmpinată cu un zâmbet cald și cuvinte pline de înțelepciune. Bunicul o privi în ochi și îi spuse: "Draga mea, ești gata să îți îmbrățișezi trecutul și să mergi mai departe cu viața ta?"

Sophie își simți inima îndurerată, dar și hotărârea crescând în ea. Își aminti de lecțiile învățate pe parcursul călătoriei sale și de toate persoanele minunate pe care le întâlnise. Își dădu seama că nu putea lăsa umbrele trecutului să o definească și să îi controleze viața.

"Da, sunt gata," îşi răspunse ea bunicului său, cu sufletul în pace. "Vreau să accept trecutul meu şi să îl transform într-o parte integrantă a prezentului meu. Vreau să îmi găsesc pacea şi împlinirea în suflet, indiferent de provocările care mi se ivesc în cale."

Bunicul o îmbrăţişă strâns şi o îndrumă spre bibliotecă, de unde lua cartea misterioasă care o condusese pe întreaga călătorie. Sophie o deschise şi începu să citească cu atenţie ultimele pagini, în care găsi răspunsurile pe care le căuta.

Cartea îi vorbea despre puterea iertării şi a reconcilierii cu trecutul. Îi spunea că acceptarea adevărului despre propriile greşeli şi slăbiciuni este primul pas către vindecare şi că fiecare provocare din trecutul nostru are rostul ei în construirea persoanei pe care suntem azi.

Citind aceste cuvinte, Sophie simţi cum o linişte interioară o cuprinde şi cum greutatea trecutului începe să se ridice de pe umerii ei. Îşi recunoştea greşelile şi îşi accepta slăbiciunile, dar simţea şi puterea de a le depăşi şi a deveni o versiune mai bună a ei însăşi.

În acel moment, Sophie realiză că compromisul cu trecutul ei era cheia pentru a găsi pace și împlinire în prezent. Își mulțumi bunicului pentru înțelepciunea și sprijinul său, apoi își luă rămas bun de la casa copilăriei sale și de la orașul care o văzuse crescând.

În timp ce trenul își continua drumul spre un nou destin, Sophie simți cum începea să se desprindă de povara trecutului și să se deschidă către noi începuturi și posibilități. Avea în față o viață plină de promisiuni, în care acceptarea trecutului său o făcea mai puternică și mai înțeleaptă.Sophie a decis să înceapă această călătorie pentru a-și găsi răspunsuri la întrebările care o macinau de multă vreme. Își dorea să înțeleagă mai bine cine este cu adevărat și să facă pace cu trecutul ei tumultuos. Și, în timp ce călătoria ei începea să-și dezvăluie secretele, Sophie a fost nevoită să se confrunte cu demonii săi interiori și să facă alegeri dificile.

Încă de la începutul călătoriei, Sophie s-a întâlnit cu diverse personaje și a avut parte de experiențe care i-au deschis ochii către lumea din jurul ei.

A cunoscut oameni cu povești de viață impresionante, a explorat locuri pline de mister și magie, iar între timp, a descoperit o carte veche și misterioasă care avea darul de a-i ghida pașii în călătorie.

Această carte, intitulată "Umbrele trecutului", i-a dezvăluit multe secrete și a prefigurat întâlniri și întâmplări pe care Sophie nu le-ar fi putut anticipa. Deși inițial reticentă, Sophie a început să înțeleagă importanța acestei cărți în călătoria ei interioară și a învățat să aibă încredere în înțelepciunea ei ocultă.

Pe măsură ce trecutul ei tumultuos a început să se contureze din umbre în lumini și întuneric, Sophie a fost nevoită să se confrunte cu propriile temeri și regrete. A fost nevoită să-și recunoască greșelile și să-și accepte vulnerabilitățile. Dar, mai presus de toate, a trebuit să învețe să își elibereze inima de povara trecutului și să își găsească încrederea și împlinirea în prezent.

În timp ce trenul se apropia tot mai mult de destinația finală, Sophie a realizat că cheia pentru a găsi pace și împlinire nu stă în a lăsa umbrele trecutului să o definească, ci în a le accepta și a se împăca cu ele.

A înțeles că trecutul ei, cu toate greutățile și eșecurile sale, a fost parte integrantă a călătoriei ei și că este important să îl îmbrățișeze cu toate aspectele sale.Și, așa cum soarele începea să apună în orizontul îndepărtat, Sophie a simțit un val de eliberare și de înțelegere înăuntrul ei. A știut că această călătorie a fost doar începutul unei noi etape în viața ei și că trebuie să-și folosească învățăturile pentru a-și crea propriul viitor.

Când trenul a oprit în sfârșit în gară, Sophie a văzut prietenii ei așteptându-o cu zâmbete calde și cuvinte de încurajare. Și în acel moment, a știut că, indiferent de provocările pe care le va întâlni în viitor, va avea mereu alături persoanele dragi care o vor susține și încuraja în călătoria ei.Sophie simțise mereu o povară pe umerii ei. Umbrele trecutului îi bântuiau gândurile și îi îngreunau inima. Cu fiecare pas pe care îl făcea pe drumul către înțelegere și iertare, însă, povara aceea începea să se topească și să facă loc luminii și speranței.

Pe măsură ce se apropia de destinația finală a călătoriei ei, Sophie se gândea la tot ce a învățat pe parcurs.

Prietenii ei, care au fost mereu alături de ea și au fost surse de inspirație și sprijin, i-au arătat că nu este singură și că împreună pot înfrunta orice obstacole. Cartea misterioasă, care i-a călăuzit pașii și i-a arătat că fiecare experiență din trecutul ei are un scop și o lecție de învățat, i-a oferit claritate și înțelegere.

Sophie a învățat că nu trebuie să fugi de trecutul tău, să te ascunzi de umbrele lui sau să încerci să le negi existența. Trebuie să le accepți, să le înțelegi și să le ierți pentru a putea merge înainte și a găsi pace în prezent. Aceste umbre nu definesc cine ești tu, ci doar sunt parte din povestea ta, iar tu ai puterea să le transformi în lumină și înțelepciune.

În zilele care au urmat sfârșitului călătoriei ei, Sophie a simțit o eliberare profundă. S-a simțit ușurată de povara pe care a purtat-o atâta timp și a simțit că poate respira din nou, cu adevărat. Cu inima plină de recunoștință față de cei care au fost alături de ea și față de ea însăși pentru curajul de a se confrunta cu trecutul ei, Sophie a pornit pe un nou drum, plin de începuturi noi și de posibilități infinite.

A înțeles că viața nu este perfectă și că toți avem umbre în trecutul nostru. Importante sunt nu umbrele în sine, ci modul în care le gestionăm și învățăm din ele. Învață să accepți, să ierți și să mergi mai departe, căci numai așa poți găsi adevărata pace și împlinire în prezent.

Sophie simțea cum inima îi bate cu putere în piept în timp ce se apropia de finalul călătoriei ei. Acest ultim capitol, întitulat "Reconcilierea", avea să fie momentul în care avea să facă pace cu trecutul ei și să își accepte toate umbrele care o urmăreau.

Cu fiecare pas pe care îl făcea pe străzile pitorești ale orașului vechi, Sophie simțea o greutate ridicându-se de pe umerii ei. Încă de când a pornit în această călătorie, a știut că va trebui să se confrunte cu demonii ei interiori. Dar acum, cu ajutorul prietenilor ei și al cărții misterioase, era pregătită să facă față adevărului.

În timp ce se așeza pe o bancă în parc, Sophie deschise cartea și începu să citească din nou cuvintele care i-au ghidat pașii în ultimele săptămâni. "Umbrele trecutului nu trebuie să te definiască, ci să-ți ofere înțelepciune și înțelegere pentru a merge mai departe", sunau cuvintele scrise în paginile galbene și șifonate.

Cu ochii înlacrimați, Sophie își aminti de momentele dificile din trecutul ei - pierderea dragostei, conflictele cu familia, nesiguranța și frica. Dar acum, cu o nouă perspectivă asupra lucrurilor, își dădea seama că toate acele experiențe au fost necesare pentru a o transforma în persoana puternică și înțeleaptă care era acum.

Decisă să facă un ultim pas către reconciliere, Sophie hotărî să meargă la casa bunicilor ei, locul unde își petrecuse cele mai frumoase momente din copilărie. Cu fiecare pas pe care îl făcea spre poarta de fier veche, inima ei bătea tot mai puternic de emoție.

Când ajunse la casa ei de odinioară, Sophie simți cum atât nostalgie cât și durere îi încălzeau inima. Picioarele îi purtară fără să vrea spre grădina în care își petrecuse atâtea ore jucându-se cu bunicii ei. Își aminti de zilele lungi de vară, de mirosul dulce al florilor și de râsul cald al celor dragi.

În timp ce își plimba privirea peste grădina părăsită acum, Sophie simți că este momentul să facă pace cu trecutul ei. Cu o încrâncenare pregnantă, se hotărî să intre în casă și să își confrunte fricile și regretele.

În interiorul căsuței vechi, pereții se păreau mai albi ca întotdeauna, parchetul îngălbenit o însoțea cu scrâșnet de pași meșteriți. Camera binecunoscută era plină de amintiri și emoții. Un cadru peste altul cu chipuri zâmbitoare ale tuturor celor care fuseseră aici cândva, atrăgea atenția Sofiei. În acel cadru, printre toți cei râzând, doar un chip era acoperit de un turn de cărți și o pereche de ochelari. Sophie știa la ce se referă., era imaginea bunicului hărțuit de remușcările lui trecute.

Era momentul să se despartă de durerile trecutului și să accepte că tot ce trecuse îl făcuse pe bunicul să fie mai puternic. Îi respectă moștenirea și-l lăsă să se odihnească într-un loc plin de liniște și iertare.

Ventilul de sub fereastra larg deschisă mângâia cu o ușoară adiere câteva fire de praf ca niște fluturi dansatori, dansând în jurul ei. Sunetul clopotelor din satul îndepărtat îi întări hotărârea. Era timpul să se elibereze.

Sophie se așeză pe patul tapitat înflorit și își lăsă capul pe perna învechită. Cu ochii închiși, începu să plângă, lăsând toate lacrimile să curgă, eliberându-se de povara neîmplinirilor și regretele trecutului.

După acea cădere emoțională, Sophie simți cum un fior de alinare o cuprinde.

Se simți ușoară cum o piatră s-a ridicat de pe inima ei și purta fiecare greutate din poveștile ei trăite ca un semn de triumf în privirea vieții.

Cu o elică norocoasă, cartea misterioasă se aprinse și izbuti să-i ilumineze sufletul cu un verde strălucitor, indicând că a găsit pacea și eliberarea. Sophie zâmbi, acum pregătită să meargă în întâmpinarea viitorului, știind că trecutul ei nu o va mai defini, ci o va ghida înspre fericire și împlinire.

"Reconcilierea nu înseamnă să uiți sau să încerci să transformi trecutul, ci să îl accepți și să îl lași să te învețe", își spuse Sophie în sinea ei, în timp ce se pregătea să închidă ultima pagină a cărții și să își deschidă inima către necunoscut.

Cu fiecare pas pe care îl făcea în lumea nevăzută, Sophie știa că era pregătită să facă față oricărui obstacol în calea ei. Cu privirea spre cerul senin și inima plină de iubire și încredere, Sophie își continuă călătoria, știind că își găsise adevărata pace și împlinire în acel moment de reconciliere cu sine însăși și cu trecutul ei.

Aşa se încheie călătoria lui Sophie şi cartea "Umbrele trecutului", cu un sentiment de eliberare şi de începuturi noi. Şi, în timp ce se îndrepta spre viitor cu inima deschisă şi mintea limpede, Sophie ştia că nu va mai lăsa umbrele trecutului să-i umbrească drumul, ci le va folosi ca pe nişte lumini care o vor ghida către o viaţă plină de înţelegere, iubire şi bucurie.

# De la acelaș autor:

1. ,,Armonia in cuplu''
– explorează diverse aspecte ale relațiilor umane, de la comunicare și empatie, la rezolvarea conflictelor și construirea unei relații de cuplu sănătoase și echilibrate.

2. ,,Vindecarea rănilor emoționale în relații''
– este o carte profundă,care explorează complexitatea relațiilor interpersonale și impactul pe care trecutul emoțional îl poate avea asupra lor.

3. "Cum sa iti gasesti sufletul pereche"
– se adreseaza celor care își doresc sa gaseasca dragostea adevarata si sa-si gaseasca sufletul pereche.

4."Reconstruirea unei relații deteriorate"
– este un ghid util și practic pentru persoanele care se confruntă cu dificultăți în relațiile lor.

5."Depășirea limitărilor mentale"– este o resursă valoroasă pentru oricine își dorește să-și depășească propriile limitări mentale și să trăiască o viață plină de succes și împlinire.

6. ,,Zâmbetul din oglindă" -  este un ghid util pentru oricine dorește să-și îmbunătățească stima de sine și să-și atingă potențialul maxim.

7. "Rescrie-ți povestea" este o carte care abordează tema depășirii traumelor din copilărie și construirii unui viitor mai luminos.

"Nu putem schimba trecutul,
dar putem invata din el si
putea construi
un viitor mai bun."
Melody Beattie

"Cel mai mare lucru pe care îl vei descoperi în călătoria către sine este că ești destul de puternic să te descoperi pe tine însuți."
Swami Vivekananda

"Umbrele trecutului pot să ne urmărească în fiecare zi, dar depinde doar de noi dacă le lăsăm să ne influențeze sau să le lăsăm să se estompeze în lumina prezentului."

"Umbrele trecutului nu pot
schimba prezentul,
dar pot lumina calea către viitor."

www.ingramcontent.com/pod-product-compliance
Lightning Source LLC
Chambersburg PA
CBHW051823130726